I0805361

¿Qué me pongo?

Janey Levy

Traducción al español: María Cristina Brusca

LECTURAS DEL BARRIO

Rosen Classroom Books & Materials™

New York

¿Me pongo pantalones cortos y gafas de sol en un día lluvioso?

¡No! Me pongo mi impermeable,
mi sombrero y mis botas!

¿Me pongo mi abrigo y mi gorro en un día soleado?

¡No! ¡Me pongo pantalones cortos y una camiseta!

¿Me pongo mi traje de baño en un día ventoso?

¡No! ¡Me pongo pantalones vaqueros y una camisa!

¿Me pongo mi abrigo y mis mitones en un día nevado? ¡Sí, me los pongo!